AF236715

Herstellung und Verlag: BoD – Books on
Demand, Norderstedt
ISBN: 9783754331767

ENTGEGEN DER ZEIT -

MOSAIK

Christian Hofmann

Inhaltsverzeichnis

Kapitel 1:
Gefühle in Worte

Ziele
Woher und wohin!?
Abzugrenzen
Auf Knopfdruck
Es ist Samstag
Straßenpoesie
Gefühle in Worte
Ente, Taube und Schwan
Sturz in die Tiefe
Sommerliteratur
Temperaturspitzen
No way to clean it up
In der See versenkt

Ziele
Autobiografie, 14-07-2021

Deren Ziele sind aus
Stein, Zeit und Ratenzahlung
Mit Hände Arbeit möglich –
Und mit dem Geld der Welt

Meine Ziele sind aus
Sternen, Staub und Träumerei
Nach der Ankunft im Leben –
Nur Illusion, alles vorbei!

Die Realität hat –
Ihre Spuren gezogen
Narben im Raum meines Körpers
hinterlassen!
Ihre Worte, haben mich so oft belogen!

Visionen habe ich, unendliche Träume
Zum Erbau aber – habe ich keine Räume!
Es sind seelische Wunden
Rückstände durchgestandener Stunden!

So baue ich meine Träume
So hoch wie Häuser!
Denn was in mir entsteht ist geschützt!
Zerstört man mir, also nur mein Äußeres!

Woher und wohin!?

Ist es alles Hokuspokus!?
Ist es alles Wunsch und Utopie!?
Immer und immer wieder
Tag für Tag das ermüdete Gesicht!

Gibt es nach dem Leben etwas!?
Ist es realistisch oder Fantasie!?
Wir kommen und wir gehen –
Aber keiner weiß woher und wohin!?

Ist es wirklich, unmenschlich –
So zu werden, wie sie sind!?
Gibt es ein Gericht, nach dem Leben –
Vor dem wir alle gleichermaßen sind!?

Verleitet uns der Teufel mit –
Zweifel und Antriebslosigkeit!?
Besteht Hoffnung und Glaube heute
Und auch noch für alle Ewigkeit!?

Ist es, außer dem eigenen Gewissen,
denn schlimm –
Diese Welt auszubeuten, auszurotten
Nur fixiert und gierig nach dem Papiergut
Geld!?

Menschen leben in Armut, verenden
elendig
Andere Menschen fahren 20 Autos,
wonach strebe ich!?
Gier und Egoismus, dazu gefüttert – auf
der Droge „Kapital"
Von allem gibt es genug, aber der Mensch
ist ein Barbar!

Abzugrenzen
Autobiografie, 13-07-2021

Ein weiterer Tag, ein trostloses
Und schmerzerfülltes Kapitel beginnt
Von meinen Zielen und der
Vorstellungskraft des Lebens,
wie ich es leben möchte, bin ich so weit
entfernt!

So taumele ich durch dieses Leben
Durch eine Welt –
In der ich Trauer und Schmerz fühle, leide
Eine Welt, die mir so nicht gefällt!

Ich finde langsam keine Hoffnung mehr!
Die Kraft lässt nach, ich fühle mich so
getrieben –
Verspannt, wie 1000-mal auf der Strecke
geblieben
Verkrampft, müde und einfach nur so leer!

Trauer und Leid sind so bedrückend
So beklemmend und so vertraut!
Der Schmerz nur fühlbar von innen, nicht
sichtbar von außen
Denn er sitzt tief unter meiner Haut!

Gedanken die mir mein Leben erschweren
Kummer den ich laut in mir klagen höre
Alles schreit lauf auf und signalisiert;
ES GEHT NICHT MEHR! Doch nix
passiert!

Zu viele Gedanken, zu viele Pflichten
Sie drücken mir die Kehle zu!
An manchen Tagen, so auch wie heute –
Frage ich mich; „Warum noch und
wozu"!?

Es ist dieses primitive, stupide Leben
Die Erpressbarkeit auf all unseren Wegen!
Es ist diese Gesellschaft – all die gespielte
Menschlichkeit,
welche mich so depressiv macht!

An solchen Tagen wie heute
Da wird es mir mehr als deutlich
Da ist es mir so klar!
Nichts sonst, nehme ich wahr!

Und sie haben keine leiseste Ahnung,
wie es mir geht!
Was ich fühle, wie ich leide – es
interessiert keinen,
wie ich existiere und verbleibe!

Hinzu kommen noch die,
privaten - persönlichen Dinge
Die Existenziellen! Mein Scheitern, all die
Missstände!
Diese ständig in meinem Hirn bohren und
festhängen!

Diese Gedanken, sie finden kein Ende!
Und so vermischt sich wieder alles im
Gesamt,
weil ich verdammt nochmal – das
~ABZUGRENZEN~ einfach nicht schaffen
kann!

Auf Knopfdruck

Autobiografie, 13-07-2021

Ich wünschte,
es wäre diese Entwicklung
ich wünschte es wäre diese Veränderung
Im Sinne vom ~ *gewünschten Neuanfang* ~

Vielleicht ist die Veränderung –
Dieser langfristige Wunsch,
meine anhaltende oder gar
meine Lebensaufgabe!

Gewohnheiten und Abläufe, welche
der Routine angehören –
mit den verbundenen Gefühlen und den
Gedanken –
Sie abzuschütteln, ist so schwierig!

Mir gelingt es nicht –
Mal eben mein ganzes Leben,
auf Knopfdruck zu verändern!
Geschweige denn, alles abzulegen!

Was genau, stimmt mich immer so
depressiv!?
Stelle ich mir doch so oft diese Frage,
aber weiß ich es doch lange schon –
Ich kenne die Antwort, ganz tief in mir!

Es ist Samstag

Leben, 14-07-2021

Ein Tag zwischen
Trauer und Freude
So ein Tag,
der ist ganz genau heute!

Ich befinde mich irgendwo –
Zwischen all meinem Versagen
Spüre die Sonnenstrahlen,
aber auch – mein seelisches Ertragen!

Und es ist Samstag –
Die Bäume stehen still
Nur der Hauch einer leichten –
Sommerbrise, die wehen will

Die Sonne scheint,
nach den Regentagen
Ich sehe am Pflaster, am Gras,
unter den Bäumen, Licht und Schatten

Herzensfreude und doch auch –
Dieses Seelenleid
Spüre es tief in mir, Schmerz und Heilung
Beides zur gleichen Zeit!

Straßenpoesie
Autobiografie, 17-07-2021

Mich stimmt depressiv –
Dass mein Leben bislang,
im völlig falschen und dazu
absurden Film ablief!

Ausbildungen abgeschlossen!
Sogar 2 an der Zahl!
Von Job zu Job gesprungen
Meine Berufung, eine ganz andere Wahl!

Gedichte und Reime
Geschichte die schreibe
Eigenregie – Autobiografie
Mein Leben, eine Straßenpoesie!

Meine Straßenpoesie
Rau und rissig der Asphalt
Allzu oft schon befahren –
Der Teer, Belag – schon 35 Jahre alt!

Abgerieben und abgenutzt,
sind so manche Linien
Hin und wieder auch mal,
ist mein ICH, neben der Strecke geblieben

Gefühle in Worte

Literatur, 15-07-2021

Ich kann mir nicht denken, dass
das was ich schreibe – keinen interessiert!
Was ich fühle und mich bewegt,
einfach keine Seele berührt!

Die Sprache, die wir doch alle sprechen
Die wir lesen, sehen und verstehen
Gefühle in Worte verfasst, die uns doch –
So tief unter unsere Haut gehen

Wir reden, schreiben
Wir denken und entscheiden
Worte sind Trost und Glück
Sie sind Freude und auch Leiden

Ente, Taube und Schwan

Autobiografie, 17-07-2021

Mein Spaziergang,
mit dir an der Lahn
Das Füttern von Ente,
Taube und Schwan

Es hat dir gefallen,
du hast dich gefreut
Du hast gelächelt –
Deine so ehrliche Kindesfreud`

~Da, da~ hast du gesagt
~Kieke, Kieke ~ ich schob dich im Wagen
Noch näher heran,
dies hast du dich schon gewagt

Die Bienen machen
~Bssss – Bssss~
Und der Ball ist ein
~Ba~

Die Tage mit dir,
mein geliebtes Kind
Sie sind für meine Seele
Trost und so unsagbar kostbar!

Auch wenn du schaukelst
Dich festgreifst im Sitz
Wie herrlich, nicht oft genug zu
beschreiben –
Dein fröhliches kleines Kindergesicht

Zu sehen, wie groß du schon bist
Und auch, wie du noch wächst
Und bei ~Guck-Guck~ und ~Biebitz~ -
Du dich schon versteckst

Dein Laufenlernen,
jeder einzelne kleine Schritt
Das Strahlen deiner Augen,
ich freue mich für dich mit

Das Planschen im Wasser –
Dein Essen, welches du nennst
~ham,ham~
Wie schnell verstreicht die Zeit

Unfassbar, dass ich es oft nicht glauben
kann

So bin ich nun bei der Zeit –
Sie macht -tick-tack-
Wie du sie schon kennst –
Du nennst deine, ~ti-ta~

Bei all meinem Leben
Und bei all meinem Tun
Das Beste, das Wertvollste
Das ist und bleibst immer nur du!

Sturz in die Tiefe
Autobiografie, 17-07-2021

Ein schmaler Steg –
Auf dem ich geh´, auf dem ich steh`
Ein Fall nach unten in den Abgrund
Ein Griff zu den Sternen –
Ein Neubeginn, nach dem ich mich so
sehr sehn‘

Der Sturz in die Tiefe –
Er ist ein ewiges Untergehen!

Ich habe genügend Tage
An denen ich Trauer trage
Denn ich bin getragen von –
All meiner Traurigkeit

Doch möchte ich diese nicht,
unter den Menschen verbreiten
Dennoch möchte ich, was mir an der
Seele haftet –
In all meinen Reimen beschreiben!

Und doch bin ich multifunktional
Ich spreche in dieses Gerät –
Schreibe stetig zu Papier,
was mich doch bewegt

Ich verpacke in RAP, Reim, Gedicht
Als Liedermacher – in variabler Poesie
Mein Blut ist das Wort, die Schrift
Es ist die Magie meiner
Lebensphilosophie

Und sollte ich denn das Schreiben lassen!?
Dann würde ich doch nicht mehr –
All diese emotionalen Texte verfassen!

Sommerliteratur

Zwischen;
Übermut tut selten gut
Und zu viel –
Arroganz am Dummheitskranz
Hier brennen nicht gerade,
die hellsten Kerzen auf der Torte!
Weggewichst und weggehämmert
Weggeballert und weggeträllert!

Um Sackhaaresbreite –
Ist es schiefgelaufen
Ein Griff in die Scheiße, also
Nun wieder verkaufen!

Um sieben Uhr,
da kommt Ben Hur –
Hinzu noch der Waldgeist,
welcher da Wald'mar heißt
Auch Holger und Volker –
Die Beiden haben einen geilen Tag
Voll wie die Eulen,
bis zum Letzten, bis zum Anschlag!

Die, sie feiern die Nacht zum Tag
Im Zentrum der Stadt, nicht am Rand
Ich sammele in aller Früh dann,
ihren weggeworfenen Dosenpfand

Ich verfasse Sommerliteratur –
Bei aufgehender strahlender Sonnenuhr
In jeder Ritze, in jedem Schlitz, da
versteckt sich doch so manch eines
Wortes Witz!
Dies sprengt am Ende,
den ganzen Beton, der gebaut ist
Aufeinander –
Auseinander!

Da fallen Latten vom Zaun
Ich höre einen Sockenschuss
Dies ist wohl die Stelle,
am Ende, es kommt zum Schluss!

Temperaturspitzen
Liedermacher, 17-07-2021

Ich sende einen Gruß an die –
Alten Kameraden
An all die Kollegen aus alten –
Und schon längst vergangen Tagen
Ich denke an euch,
an euch – ihr „armen Schweine"!
Ihr, die bei praller Sonne,
in Schichten arbeiten!

Ich denke an jeden Metallerkollegen,
der bei jeder Spät, - der Wechselschicht –
In der Produktionshalle, bei weit über 40
Grad
In der prallen Mittagssonne schwitzt!

Auch die Maschinen geben Wärme ab
Auch wenn man vor ihnen sitzt, man
schwitzt!
Das Ganze, gar 5-mal die Woche,
in der 14-Tage-Rhythmus-Wechselschicht!

Der Schweiß perlt vom Schwitzen
In den Spätschichten, der Mittagshitze
In den stickigen Hallen, im Hochsommer
Bei über 40 Grad, bei den
Temperaturspitzen!

So geht's im Sommer vor sich
Und zwar, so glaubt mir, Tag für Tag!
In der Mittgashitze schwitzen –
Und kurz vor einem Hitzeschlag!

Ja, auch die Maschinen,
sie tragen ihr Bestes dazu bei
Bei all der Hitze, wie in den Tropen,
am Schwitzen zu sein!

Und abends nach der Schicht
Nach 22 Uhr, wenn es endlich abkühlt
Dann schnappt man nach Luft und atmet
durch!
Erschöpft und müd', so ist das Gemüt!

So ist ein Tag, von fünfen,
in der Woche dann geschafft!
Beim Schwitzen in aller Hitze!
Was hat der Sommer doch, für eine
Sonnenkraft!

No way to clean it up
Songwriter, Musik, Lyrik 12-07-2021

The guilt is about that,
like shadows in the atmosphere
The shame is inside you,
no chance to leave here

In the place where you are
lonely and left
There, where everyone forgets you,
you can bleed like until the end

Refrain:
There is no way to clean it up
You can't pretend to be fine
There you can pay
for all the pain!

There is
no way back from there!

Your friend is the bitter grief!
Also the silent
loneliness!
You remain in an eternal
emptiness

No tear
will be dried for you!
They flow to a sea of the dead!
Now you can let your wounds bleed!

Refrain:
There is no way to clean it up
You can't pretend to be fine
There you can pay
for all the pain!

Also for your stupidity
For all your doings
For everything you have
to answer for!

In der See versenkt
Enttäuschung/Trauer 18-07-2021

An Zielen gefeilt,
in Träumen verweilt
Unter Tränen gelacht –
Wege gegangen, weit

Für die Wünsche gelebt,
Gehofft und gebangt
Nicht alles gelungen,
Zweifel begraben im Sand

Mit hoher Geschwindigkeit –
Voll an die Wand!
Festzuhalten versucht,
mit weit offener Hand

Die Zeit sie tickt
Sand fällt durch die Uhr
Jeder Weg ist ein Teil –
Von der ganzen Lebensspur

Manche Pläne zerschlagen
Schlicht verworfen
Alles gegeben, verzockt!
Weggeworfen!

Guter Rat ist teuer –
Eine klare Sache!
Wie geht's weiter!?
Gedanken, die ich mir mache!

Viele Schiffe auf dem Meer
Unzählige Boote treiben umher
Viele Träume in der See versenkt
Hoher Einsatz für Nix! Zeit verschenkt

Kapitel 2:
Stück hartes Brot

Vielleicht kennt ihr dies?
Ein Stück hartes Brot
Bildliche Momente
In den Räumen
Entzündet
Die Bürofachkraft (m/w/d)

Kapitelbruch
ACHUTUNG PROVOKANT!

Wildes Fleisch
Kajal-Verschmiert
Dorf-Deppen
Kurzarbeit
...die Welt noch dreht
Geschwätz der Leute

Vielleicht kennt ihr dies?
Gedankenfreiheit/Reflexion, 18-07-2021

Immer wenn ich über meine Träume –
Ideen und Ziele nachdenke, auch über
die damit verbundenen Möglichkeiten
Dann überfällt mich eine unsagbar starke;
WUT, TRAUER und es entsteht;
FRUST hervorgerufen durch SCHMERZ!

WARUM?
Diese Frage stelle ich mir so oft
Nun aber, schreibe ich sie bewusst auf,
weil mich diese Frage schon so oft –
NEGATIV beeinflusst!
MICH QUÄLT UND MICH ZERMÜRBT!

Meine Ideen, Träume –
Meine ganzen Visionen
Der Wunsch vieler Umsetzungen,
werden immer wieder durch –
Die Stimmen aus der Vergangenheit
In meinem Kopf zunichte gemacht!

Sätze die sich eingebrannt haben wie;
„Du musst Geld verdienen"
„Träume nicht zu viel, sei realistisch"!
„Kannst nicht, wirst nicht, schaffst
nicht…"

Diese Sätze kenne ich schon,
seit so langer Zeit, seit Kindertagen!
Sie verursachen meine ganze
DEPRESSIVE VERSTIMMUNG!

Angst wurde somit verstärkt
Sie wurde gefördert
Zweifel sind entstanden –
Regelrecht herangewachsen!

Fokussiert und fixiert,
bin ich somit lediglich auf ein
VERDAMMTES DURCHHALTEN!

DURCHHALTEN im Job –
Am Arbeitsplatz!
Leidvoll und mit besudelter Traurigkeit!
Hauptsache am FUNKTIONIEREN!

Und ich leide immer noch
Doch gebe ich nicht auf,
auch wenn ich immer noch höre
MIT DEINER „BERUFUNG"
KANNST DU KEIN GELD VERDIENEN!

Bei aller Lösungsorientierten Sicht –
Fand ich bislang nicht „meine Tür"!
Meine Tür am „richtigen Ort"!
Wie man doch immer so schön sagt!

Falsche Ansprechpartner im Umfeld
Es sind alles Faktoren, die mich –
Doch sehr stark beeinflussen!
Die mich runterziehen! Die mich,
letztendlich DEPRESSIV STIMMEN!

Ich glaube an meinen Weg!
Und auch, wenn ich ihn allein gehe!
Ich glaube an mich!
Dies ist meine Stärke in allem Leid!

Schmerz, Trauer
Niederlagen –
So viel schon überstanden,
was mich stark gemacht hat!

Dennoch frustriert alles,
aber es steigt mein Ehrgeiz!
Da ich bis dato, mein gesetztes Ziel –
Noch immer nicht erlangt habe!

Gut, so sehe ich ein
Das Ziel ist ohnehin der Weg!
Dieser Ansicht, dem Zitat –
Dem stimme ich vollkommen zu!

Stück hartes Brot

Autobiografie/Leben, 19-07-2021

Ein aufziehender Sturm
In Flammen stehendes Herz
Träume die entstanden,
es war das Jahr Zwanzig-null-sechs!
Tornado und Gewitter
Ein rauer Sturm auf der Seele
Ein Stück hartes Brot,
in der Tasche, beim Gang meiner Wege

Regenstürme durchlaufen –
Hände vors Gesicht
Manchen Matsch in der Fresse!
Mit der Hand abgewischt!
Wege voller Hindernisse
Sackgassen und schmaler Grat
Gescheitert, dann der Neuversuch
Durchgedrehter Reifen, Fuß auf Vollgas

Kein Wind, kein Wetter
Kein Kind, kein Kegel
Eine wilde Fahrt –
Über den Ozean des Lebens

Bildliche Momente
Autobiografie/Gedanken, 19-07-2021

Gedanken rein
Gedanken raus
Anhaltendes Spiel
Tagein- und aus!

Ich sitze am Platz
Ich träume mein Leben
Meine Träume sind wichtig,
denn sie halten mich am Leben!

Die Realität,
die habe ich so satt!
Kein neuer Tag –
Der mal etwas Gutes zu verkünden hat!

Ich schreibe hier
Mit voller Hoffnung zu Papier
All die Schönheit meiner bildlichen
Momente

Ich wünschte all dies wäre Wahrheit –
Und kein Erwachen bringt ein Ende!

Ich bin so müde, so träge
So erschöpft und ohne Antrieb
Gehetzt und unruhig –
Als ob mir keine Zeit mehr bliebe!

In den Räumen
Autobiografie/Melancholie, 19-07-2021

Allein mit meinen Gedanken
Allein mit meinen Träumen
Aus Frust und Schmerz die Wände
Doch ich belebe all die Räume!

Allein mit diesem Rausch
Mit der Strömung, mit der Flut –
Das Herz blüht wieder auf, bei aller
Grausamkeit, es tut mal gut!

Oft fühle ich mich verloren
In aller Tiefe meiner Träume
Schade um die Vergänglichkeit,
um das traurige Leben in den Räumen!

Da ist niemand wie es scheint,
der meine Träume und Ideen teilt!
Das Wahrwerden all meiner Visionen
Als ob jede meiner Narbe verheilt

Doch ich finde keinen Weg
Oder ich mache es mir zu schwer!
Im Rausch des Schreibens blühe ich auf
Und am Abend bin ich wieder leer!

Es sind Augenblicke –
Erinnerungen
Und auch Momente,
in denen ich versinke

Es sind Bildartige Streifen,
in die ich eintauche –
in denen ich verschwinde
Mit allen Sinnen dann drin ertrinke!

Entzündet

Wunsch-Berufung Autor zu sein, 19-07-2021

Die Flamme ist entzündet
Doch der Funken springt nicht über
In mir breitet sich das Feuer aus, doch
draußen ersticke ich, denn der Sauerstoff,
er reicht nicht aus!

Flächendeckend ist in mir heiße Glut
Mein ganzes Herz ein Feuerball
Eine Willensexplosion, schalldicht
Doch mit der Zeit, dann kommt der Knall!

Das Feuer in mir brennt
Gefühle und Gedanken sind entfacht
Schmerz und Kummer, der aus Leid und
Trauer und Verzweiflung, lebensmüde
lacht!

Und springt der Funke
Dann erst einmal über
So wird aus dem Lodern –
Ein ganzes Flammenmeer!

Weit und breit ein –
Entfachtes Feuer
Und ein Zurück,
das gibt's nicht mehr!

Das Feuer brennt und es ringt –
Einfach alles nieder!
Zur Enttäuschung, der Wut und dem
Schmerz schütte ich Benzin hinzu!
Dieses Leuchten, es erlischt nie wieder!

Die Bürofachraft (m/w/d)

Liedermacher, 20-07-2021

Für die Stellenausschreibung
Eines Stellenangebots,
fertigte ich ein Bewerbungsschreiben an
mit Lebenslauf und allem Weiteren und so

Schön beschrieben war die Stelle mit
Sachbearbeitung und Dokumentation
Als ich das Büro des Unternehmens betrat
Da sah ich eine Art, Papierstau-Explosion!

Alte Akten
Antragsformulare, allerlei Unterlagen
Altpapier gestaut,
von an, den untersten Schubladen

Ordner die längt überquollen
Tischcontainer, die nicht mehr rollen!
Einmal alles bitte schreddern,
würde ich sagen, wenn sie mich fragen –
„Was würden sie denn, in dem Fall des
Falles hier nur tun"!?

Und auch jene Vorratskammer –
Entpuppte sich als ein Katzengejammer!
Die Disposition, disponierte wohl auf –
„Erstmal aufbewahren" welch Schreckens
Sensation!

Und auch so mancher Fund,
in den kleinsten Ecken alle Räume
vergilbte und verstaubte, doch
wiedergefundene Freude

Denn dort waren Akten, die ein jeder
schon so langer Zeit vermisste!
In Gedanken stellte ich mir die Frage –
„Was ist das hier"!? „Wo biste"!?
Es sind die Räume einer wohl, üblichen
und bekannten Amtsstube
Also klarer Fall von Aktenstau, denn hier
nimmt mal alles unter die Lupe und ganz
genau!

Zeit spielt wohl hier keine Rolle denn,
Anträge bearbeiten, bedeutet es kostet
Geld, also hat man hier so dem Anschein
nach, alle Zeit der Welt!

Kapitelbruch

Gesellschaftskritik/provokant, 20-07-2021

Mitten im Kapitel –
In diesem Buch
So beschließe ich ein –
KAPITELBRUCH!
Was auch gehört zum –
Harten Brot
In provokanten Tönen,
ich mir nun so gelob!

Provokant und
Dazu auch kontrovers!
Wie die Politik und Wirtschaft –
Perfide und total pervers!
Die Kirchen vergnügen sich an
Den Kindern, fein
Predigen dazu doch gleich etwas vom –
„Heilig sein"!

Nachfolgende Zeilen sind nicht
wegzustreichen
Ich der Dichter, Denker,
Gesellschaftskritiker setze meine Zeichen!

Wildes Fleisch

Gesellschaftskritik/provokant, 15-07-2021

Erschüttert des Schmerzens Leid
Unter der Haut brennt wildes Fleisch
Seelenstränge sind wundgerieben
Außer Hass ist nichts geblieben

Er hasst die Gesellschaft!
Er hasst die Lügen!
Wut, Frust, Leid und Schmerz
Wundzerfetztes kleines Herz
Alle Beziehungen bestehen doch –
Aus Berechnung, Zweck und Nutzen!
Ist man zu nix mehr zu gebrauchen,
wird man dich von der Fläche putzen!

Gespielte Fassaden –
Er kann das Schauspiel nicht mehr
ertragen!
Jeder Mensch spielt eine Rolle!
So denk er; „Ein Haufen Fleisch für die
Restmülltonne"!

Er hat solche Wut und fühlt den Frust
Ganz tief im Innern nur ein Seelenleid
Dies verspürt er nicht erst seit gestern,
sondern, schon eine viel zu lange Zeit!

Seine Seele hat sich im Leben schon
Sehr stark wundgelitten
Von außen keine Kratzer auf der Haut
Doch von innen, längst zerschnitten!

Der Lauf der Welt ist der –
Ein Arsch geht vor, die Menschheit fällt!
Der Arsch am Abgrund steht,
die Menschheit geschlossen im Fall doch,
einander das Händchen hält!
Er hat genug von dieser Menschheit –
Und von der dreckigen Gesellschaft!
Geld, Geld, Geld! Es geht nur ums –
Haben und um die Macht!

Der Mensch ist so stupide
Berechnend und perfide
Abzocken und „für dumm verkaufen"
Wichtig nur seine Scheine auf dem
Haufen!

Kajal-Verschmiert
Gesellschaftskritik/provokant, 18-07-2021

Leider Mann!
Keine zeigefreudige Frau!
Leider Durchschnittstyp!
Kein Luder! Keine geile Sau!

Keine Likes für Tittenschau!
Nur Autor mit Gedankenstau!
Keine „großen Augen" die begeistern
Nur Worte auf Papier zu kleistern!

Keine Modenschau, kein Model!
Hemd mit Löchern, es nagen Motten!
Kein Tanga! Kein „oben ohne"!
Nur Dichter, Denker ohne fette Kohle!

An die Frau – die sich etwas „traut"
Du musst nix können, zeig' nur Haut!
Mach deine Pose, mach deinen Akt –
Du musst nix können, sei einfach nackt!

Tittenschau! Des Mannes Toy!
Nackte Haut, sie bringt Geld wie Heu!
Fleisch verkauft, ungeniert!
Der IQ – total Kajal-verschmiert!

Diese Welt –
Sie ist nicht schlecht!
Den Hoes ist lediglich,
einfach nur jedes Mittel recht!

Der geringe Geiz des Reizes –
Er bringt die Likes!
Ich bin ein Autor, der es durchschaut
Und er beschreibt es!

Ich lebe in dieser Gesellschaft
Meine Meinung, die trage ich bei
Titten zeigen – Scheine fliegen,
Geld stinkt menschlich, welch
Schweinerei!

Dorf-Deppen
Gesellschaftskritik/provokant, 18-07-2021

Es sind die üblichen Dorf-Deppen
Welche mit ihren –
Motorrädern, Quats, ihren „Zeigegern"
Über die Dorfstraßen im Dorf scheppern!

Dorf-Deppen, die im Dorf noch –
Neben ihren Wohnhäusern,
Anlagen und Gartenhäuschen im hohen
Stil bauen,
um den Dorf-Leuten zu imponieren –
Man soll hoch auf, auf die Dorf-Deppen
schauen!

Der Dorf-Depp, er zeichnet sich –
Einzigartig und groß hervor!
Etwas „neureich" und „Strohfeuer" –
Das Verhalten, von einem Tor!

Der Dorf-Depp, er fährt seine Runden
Durch das Dorf, für ein paar Stunden!
Der Dorf-Depp macht das Dorf-Geschrei –
Die Neugier, sie verkündet dann so
allerlei!

Es sind immer wieder doch,
dieselben Dorf-Deppen die man antrifft
Dorf-Deppen die im Dorf –
Über Dorfstraßen scheppern, welche man
nicht vergisst!

Kurzarbeit

Gesellschaftskritik/provokant, 19-07-2021

In jeder Krise, bei jeder noch –
So großen Katastrophe
In allem Elend steckt auch Segen,
zumindest für die Unternehmen!

Ob Weltwirtschaftskrise der Finanzen
Oder Zeiten der Corona-Pandemie –
Die Wirtschaft wird gemästet
Die Nähte platzen, wie noch nie!

Die Industrie vermeldet Kurzarbeit!
Sie greift Geld ab, welches Vaterstaat hält
bereit!
Doch Arbeit ist doch da!
Aber wenn es schon Kohle gibt, will
Industrie
auch haben, das ist doch klar!

So schreibe ich aus realer
Berichterstattung
Von Bekannten und Verwandten –

Die Kurzarbeit, müssen verrichten,
einen Tag frei in der Woche, dafür aber
an anderen Tagen über 10-Stunden-
Schichten!

Lieber Vaterstaat,
nichts gegen deine Wohltäter-Tat
Doch bitte sage mir, wo ist deine –
FÜRSORGEPFLICHT!?
Ach, verzeih, wie dumm von mir!
Sowas kennst du für deine kleinen
Schäfchen, gar nicht!

So herrscht hier ein wildes
Und ein dazu willkürliches Treiben
Sei den Bürgern des Landes wohl gesagt –
Ihr müsst zusehen, wo ihr bleibet!

Politik und Wirtschaft –
Achtet vorbildlich auf ihre Diät!
Welche man vom Steuerzahler –
Halt eben mal schröpft, zum
Eigenbedarf, Eigennutz abwägt

... die Welt noch dreht

Gesellschaftskritik/provokant, 20-07-2021

Welch ein menschliches Gewühl
Gekränktes, enttäuschtes Gefühl
Lug und Trug, kriminelle Energie
Eine einzige Machenschaft!
Korruption, Eskapaden
Fälscher, Trittbrettfahrer, Piraten
Ein wahres buntes Treiben –
Eine „dolle" Gesellschaft!

Und sie, siehe an,
wie sich die Welt noch dreht!

In dieser Zivilisation,
da geht's wild vor!
Als wäre man wie im Zoo
Wie in einem Affengehege!
Totschlag, Mord
Chaos, Tod und Terror
Hier, dort und anderswo
Hauptsache der „Alk" steht auf der Theke!

Und sie, siehe an,
wie sich die Welt noch dreht!

Das Fatale,
der Untergang ist –
Wenn du alles glaubst
Was sie so sagen!
Wenn du aufhörst,
mit dem Hinterfragen!
Spott, Gier, Neid und Hohn
Brot und Spiele sollst du nur haben!
Wir alle leben hier zwischen;
Vielen bunten Aufputsch-Pillen
Fläschchen Lebensmüde-Macher

Sind und werden getrieben Widerwillen!
Bei all den Intrigen –
Beim Inszenieren
Und bei dem Zensieren
Beim Blenden von Wahrheit und Klarheit,
Leute! Es ist Zeit hier aufzuwachen!
Es muss allmählich etwas passieren!

Und sie, siehe an,
wie sich die Welt noch dreht!
In allem Chaos, sie sich NOCH
Aber schon wackelig bewegt!

Geschwätz der Leute

Gesellschaftskritik/provokant, 21-07-2021

Sieh mal der Penner!
Sieh mal der Säufer!
Schau mal die „Fette" dort!
Voll wie ein Eimer der und die hat
150 Kilo gewiss! Jede Wette, mein Wort!

Sieh mal der Assi,
er holt sich Flaschen aus dem Müll!
Es wird gelacht, verhöhnt, verspottet
Das Gericht urteilt mit Gebrüll!

Das alles sind wir!
Wir sind die Gesellschaft!
Ob wir dies wollen oder nicht!
Predigen immer „sozial"!
Aber, sind es doch nicht!

Im Dreck und im Pech
Sind manche schon geboren!
Den Weg des Glückes,
nie betreten, viel zu lange schon verloren!

Im Gossenschiss und im –
Suff untergegangen!
Schicksalsschläge, denn –
Alles hat einmal bei null angefangen!

Und wieder höre ich;

Aller! Kuck ma der Penner!
Er liegt und pennt auf der Parkbank!
Sieh doch ma die Alte da!
Sammelt Altkleider und Dosenpfand!

Kapitel 3:
Jetzt geht's los

Jetzt geht's los
START
An der Lahnwiese
Arbeit & Beruf
Lyrisches Universum
Brüder & Schwestern
Viva la depressiva
Klunker
Widerwertig
All die Sterne
Das Krokodil vom Nil
Des Bauernhofs Geschehen

Jetzt geht's los
Lyrik/Leben/Musik, 21-07-2021

Die Musik ist mein Zuhause
Die Lyrik mein Dach über dem Kopf
Buchstaben sind in meiner Suppe
Auf dem Herd in meinem Topf

Jetzt geht's los!
Jetzt geht's erst richtig los!
Nach dem letzten Fehltritt,
nun ein neuer Anstoß

Beim Gedichte Schreiben
Beim Zeilen Reimen, vergesse ich doch –
Hin und wieder die Zeit, du meine Güte!
Doch nur gute Musik und Lyrik, kommen
mir in meine Tüte!

Bei allem was ich tat und war
Alles Geschehene dies ist wahr!
Chancen vergeben, tja soll's geben!
In all der Breite nur so knapp daneben!
So ist das Leben! Ja man, auf jeden!

START
Leben/Freundschaftsende, 21-07-2021

Nur noch verbrannte Erde
Stickige Luft
Keinen Wert haben die Worte mehr!
Wir sickern in all der Kluft

Versprechen und Schwur
Nichts mehr über, außer nur –
Die Leere so viel gesprochener Sätze
So ist wohl das Leben, ich schätze!

Wir haben eingesetzt
Und wir haben verloren
Wir gingen mal los –
Um irgendwann mal zu beginnen
Am Ende aber,
so blieb uns nichts!
Glück blieb wohl aus –
Es gibt nichts zu gewinnen!

Wir waren klein, so wurden wir groß
Beim „START" des Lebens –
Ging es irgendwann einmal los…

An der Lahnwiese

Aus Marburg/Leben, 21-07-2021

Ein so schöner Tag,
wie dieser doch war
Ein Stück Marburger Sommer
Gesessen im ~BLE NOIR~

Die Enten
Und auch die Schwäne
Sie schwammen der Lahn entlang
Von der Mittagsstunde –
Bis zum Sonnenuntergang

Der Spaziergang,
in dieser schönen Stadt
Durch die hessische Brise,
warme Sommerluft
Mit der Decke und dir,
an der Lahnwiese –
Dieser herrliche Marburger
Lebensduft

Arbeit & Beruf
Literatur/Gleichungen, 21-07-2021

Bei mir dreht es sich um –
Arbeit & Beruf
Gedanken rotieren, subtrahieren –
Explodieren, so wage ich einen
Gleichungsversuch!

Weiß ich doch noch genau –
„Was du vorne tust, so musst,
du dies auch hinten tun"…
Oder auch; Links, sowie rechts in der
Gleichung!

	BERUF	ARBEIT	
	BE RUF	BE RAIT	
	A RUF	BART EI	
(b+a+g)	RAUF	ATRIEB	((n) z)
	BERUF	ARBEIT	
	BE RUF	AR BEIT	
	AG	Z	
BERG AUF		BARZEIT	

Sind so herrlich
fein und schön,
denn etwa die Lösungen meiner beiden
Gleichung, Lösungswege –
Richtig? Und noch gut anzusehen!?!?

BERG AUF	BARZEIT
a+g	+z
geht es also rauf	*erholsame Zeit*

Summe: ICH AG?   **Summe: Locker bleiben?**

Wie auch immer ich,
diese Gleichungen drehe und wende
Da sag mir doch mal jemand, einer –
Dass nur die Zahlen niemals enden!!!

Dies ist eine Gleichung,
erstellt aus dem Alphabet
Vom Dichter und Denker,
den jedes Wort, doch so bewegt!

Lyrisches Universum

Literatur/Lyrik, 21-07-2021

Allein in meinem weiten –
Lyrischen Universum
Da stolpere und rutsche ich,
zwischen all den Buchstaben herum

Zwischen den,
klein- und großgeschriebenen
An den Fortschreitenden und
Auch an den Zurückgebliebenen

All die inneren, die eigenen –
Literarischen Höhenflüge
Von außen nicht sichtbar, nicht greifbar,
nicht fühlbar, also so – als würde kein
Stich das Wasser trüben!

Vielleicht kannst du mich verstehen
Dann komm herein,
trete ein, sei gesegnet –
Und fühle dich fein

Brüder & Schwestern

Träume/Ziele/Kraft, 21-07-2021

Es ist als würde alles abdriften
Als verliert man das Ruder
Gegen den Untergang am Kämpfen
Ich weiß du verstehst mich Bruder!

Die Faust wird geballt
Fest entschlossen, der Wille wird stärker
Aufgeben ist kein Weg!
Ich weiß du verstehst mich Schwester

Ich bin nicht allein,
definitiv bin ich dies nicht!
Wir alle sitzen im selben Boot
Auf dem in Richtung Licht!

Die Wege an Land,
sie sind steinig
Der Wellengang am Meer,
eine Flut

Wir halten Gesichter
in den Sturm
Sehnen uns nach unseren Zielen –
An denen am Ende steht,
ALLES IST GUT!

Hindernisse und Steine,
werfen sie uns die Wege
Doch wir haben –
Einen Willen aus Stahl,
wir bauen Brücken,
um sie zu überqueren

Viva la depressiva
Gesellschaft/Erfahrungen, 21-07-2021

Ich will weg von der Seite
„Viva la depressiva"
Ich wünschte ich wäre immer noch –
Der kleine Junge der am Spielen war

Viele Dinge und Menschen,
sie haben mich im Leben geprägt
Verändert möchte ich nicht sagen,
doch ich denke nun,
über alles schärfer nach!

Ich kann dir auch nur raten –
Höre was sie reden, höre was sie sagen
Und wenn sie beginnen zu grinsen
Muss man in der Regel hinterfragen!

Hin und wieder auch –
Zwischen ihren Zeilen lesen
Denn wie es oft so ist und war
Haben sie ihr Ziel erreicht,
ist es von ihnen nie jemand gewesen!

Klunker
Autobiografie, 22-07-2021

Ich lebe allein –
In meiner Welt
Ich bin ein Stein,
rau und scharf – ungeschliffen

Ich bin kein Juwel,
kein Diamant, ganz gewiss kein Mosaik!
Ich bin nur ein Stein –
Der doch, zufrieden seines Weges liegt!

Ich passe weder –
In die Fassung eines Ringes
Noch als ein Klunker –
An die Kette!

Ich bin kein
Funkelstein von der Stange!
Wüsste ich auch nicht wirklich,
was ich denn davon hätte!

Widerwertig

Autobiografie, 22-07-2021

Wenn man so wie ich
Die Sprache doch liebt –
Wenn man doch so,
diese Sprache spricht

Da muss es doch –
Einfach etwas geben,
was daraus zu machen ist!

Momentan lebe ich in –
Verkrampfter, angespannter
Haltung!
Also widerwillig –
Meiner ganzen
Entfaltung

Zu widerwertig meiner
Selbstbestimmung
Widersächlich meines Seins!
Ich fühle mich wie befangen,
doch dies kann es und soll es nicht sein!

All die Sterne

Depression/Traurigkeit, 22-07-2021

Mein Leben,
es ist eine einzige Katastrophe
Vom ersten Wort,
bis zur derzeitigen Strophe!

All die Sterne,
sie waren erleuchtet, sind verglüht
Keine Hoffnung,
kein Glück – das mir blüht!

Was habe ich noch zu erwarten?
Was gibt's noch zu bekommen –
Auf diesem Boden, diesem Grund!?
Ziehe durch die Straßen, wie ein trauriger,
ausgestoßener Köter, ein armer Hund!

All die Sterne sind am Himmelszelt –
Doch schon längst verschwunden
Einsam und verlassen, allein –
So ziehe ich hier meine Runden!

Das Krokodil vom Nil

Kindertext, 22-07-2021

Das Krokodil, es lebt am Nil
Es zieht durch die Hitze –
Sagt vor sich hin; „Uh ist mir warm"!
Und überlegt, was es machen kann?

Das Krokodil, springt in den Nil
Es platscht das Wasser, in dem es sich
abkühlt!
Die Sonne scheint, brennt gar sehr heiß
Und von Weitem, kommt ein Nilpferd
angereist

Das Nilpferd, es lebt am Nil
Schnaufend läuft es durch die Hitze –
Murmelt vor sich hin; „Puh ist das warm"!
Und überlegt, was es machen kann?

Das Nilpferd macht einen Sprung
Das Wasser platscht, ganz wild herum!
Die Sonne scheint, brennt wohl sehr heiß
Nun kühlen sich ab schon zu weit…

Des Bauernhofs Geschehen

Kindertext, 22-07-2021

Der Biene summt, die Hummel brummt
Der Ochse brüllt, die Ganz schnattert wild
Der Affe isst eine Banane, hat er denn
Hunger!? Na, was für eine Frage!?

Der Hund er bellt, die Katze krächzt grell
Die Maus läuft geschwind ins Mauseloch
hinein, frischer Käse und etwas Speck
erhascht, sie stopft sich voll, ihr „Mäulein"!

Der Hahn kräht laut, der Kuckuck schaut
Die Vögel singen dazu, aus dem Stall
macht es laut „muh", sieh mal da – es
melkt der Bauer, Milch von seiner Kuh!

„Hüa, Hüa", es springt das Pferd, es pfeift
im Haus, die Teekanne am Herd –
Des Bauers Frau, sie kocht Kaffee –
Dies ist des Bauernhofs Geschehen!

Kapitel 4: Zeitreise

Zeitreise
Gute Freunde
Erstes Mal
Lebensgefühl
An der Zeit drehen

!!! Depressiver Inhalt: !!!

35 Jahre! Eigene Zeitreise
Verändert sich nicht!
Verschiedene Wege
Bedeckt
Achterbahn

Zeitreise
Aus dem Leben, 23-07-2021

Die Erinnerung reicht zurück,
wie auch bei dir, an des Kindes Glück
Weißt du noch zu deiner Kinderzeit
Ist die Reise dorthin, nah oder weit?

Nimm dir die Zeit, denke mal zurück
An die schönen verstaubten,
eingerahmten, Augenblicke und Momente
In der Holzkiste an des Raumes Ende

Öffne deine Schatzkiste und genieße das,
was schon längst verloren schien –
Lass alles aufleben in Herz und Seele,
atme den Duft, genieße die Lebensenergie

Nur Staub und Spinnweben,
doch sieh genauer hin, darunter ist noch
alles von dir und deinem Leben
Alles ist noch da und es ist dein Leben

Gute Freunde

Aus dem Leben, 23-07-2021

Menschen sind gekommen
Als gute Freunde leider gegangen
Alles ging so schnell zu Ende,
hat es doch nicht mal richtig angefangen

Erinnerst du dich auch,
an die langen Sommernächte
Durchgemacht in frühe Morgenstunden
Man dachte, dass man aus den schönsten
Träumen, einfach nicht mehr erwachte

Verträumte schöne Zeiten
Mit all den guten Freunden an der Seite
Hoben Gläser, ein „Flaschenklirren"
So als würde keine Zeit denn jemals enden

Heute ist es alles viele Jahre her
Nur Erinnerungen, Bilder –
Sonst geblieben ist nichts mehr!
Menschen sind gekommen,
als gute Freunde, dann leider gegangen!

Erstes Mal
Aus dem Leben, 23-07-2021

Weißt du noch, kannst du dich erinnern –
Die erste Klassenarbeit, die erste Note in
deinem Leben? Die erste Schule auf deines
Werdeganges Wegen?

Kannst du dich erinnern an,
die erste schlechte Note in Mathe!?
An den ersten Höhenflug, wie du als
Klassenbeste*r eine 1 hattest!?

Kannst du dich erinnern an;
Die ersten Schmetterlinge im Bauch?
Der erste Kuss, die erste Umarmung?
Hitze, Kälte, kribbeln, Gänsehaut auch?

Die erste Prüfung deiner Berufsausbildung
Die erste Stunde in der Fahrschule
Das erste Mal, fahren im Bus, im Zug, mit
dem Auto – Pauken, Trompeten, Bambule

Unvergessen, das erste Mal!?

Lebensgefühl

Aus dem Leben, 24-07-2021

Kennst du die Düfte, die dich träumen
lassen und in eine andere Zeit entführen?
Kennst du die Momente, du betrittst in
Gedanken, all die verriegelten Türen?
Kennst du das Lebensgefühl;
Des Winterzaubers?
Der Sommernächte?
Die Geheimnisse aus einer Nacht?
Kennst du den Rausch;
Von der Brise – Wahres Leben?
Von dem Hauch – Für immer bleiben?
Auf der Haut, das Leben was dich berührt?

Kennst du die Gefühle, wenn;

Das Herz vor Glück fast zerspringt?
Deine Stärke jeden Zweifel bezwingt?
All die unbeschreiblichen Glücksmomente,
in denen das Leben anscheinend –
Geheimnisse, tiefverborgenes – unter
deine Haut dir schreibt

An der Zeit drehen

Könnten wir alle, an der Zeit –
Nur einmal drehen
Was würden wir wählen,
welche Wege vielleicht anders gehen!?

Eigentlich ist diese Frage unerheblich
Denn die Zeit verstreicht – ewiglich
Nichts kommt jemals mehr zurück,
kein Moment, kein kleiner Augenblick!

Doch was würden wir tun,
hätten wir die Macht?
Würden letzte Worte anders fallen,
in manch letzter Nacht!?

Ich möchte hier keinesfalls traurig stimmen
Aber ich denke für mich nach,
was denn halt wäre, könnten wir die Zeiten
nochmal drehen und nochmal verbringen

35 Jahre! Eigene Zeitreise
Autobiografie/Depression, 24-07-2021

Auf meiner Lebensstrecke,
das ganze Leben an die Wand gefahren!
Auf dem ganzen Weg,
ist mir alles aus den Fugen geraten!

35 Jahre!
Schotter, Piss und Schiss!
35 Jahre!
Seelenkrampf, Nerven wundgerieben
Es ist alles, so wie es ist!

Wieder mal platzt ein Traum
Ein weiteres Mal zeichnen Wolken,
ein Bild am Himmel
Bei allem was ich auch tue und versuche –
Nichts kann ich jemals gewinnen!

Ich bin arbeitslos –
Ich wohne im letzten Loch!
Psychisch tiefer als eine Tiefgarage!
Ich frage mich; „Schlimmer kommen,
kann es das denn noch"!?

Das Konto es klagt über das „SOLL"
Ein dickes Minus auf dem Kontoauszug
Die letzte Rechnungsbuchung, sie ist fehl-
geschlagen, somit bin ich im Verzug!

Außer Acht von Gott und Teufel
Ungeachtet der gesellschaftlichen Norm
Ohne Ecken, ohne Kanten – frei die
Entfaltung des freien Geistes, frei von
Jeglicher, hineingepresster Form!

Was ist Toleranz
Und was ist schon abnormal!?
Gibt es, überhaupt noch – Unterschiede?
Dies frage ich mich so manches Mal!

Keiner mehr da, der an mich glaubt
Und noch das Glück, das mich verlässt!
Ich bin willkommen dem Ende –
Da wo nichts mehr geht, ich bin nur noch
des Stückes Rest!

Meine Lage sie ist misslich
Leben, das mich im Stich lässt!

Verändert sich nicht
Autobiografie/Depression, 24-07-2021

Das Tückische an Depressionen,
die Muster und Strukturen,
sie verändern sich nicht!
Kehren nicht ins Positive!
Sie verharren im Negativen!

Die Muster sind wie Fäden
Wie Weben die gesponnen sind
Wenn du nicht aufpasst, dich verfängst –
Ziehen dir die Dämonen der Depressionen
Alle Teppiche unter den Füßen weg!

Jahre vergehen, vergingen auch bei mir!
Doch das Muster, immer dasselbe –
Immer dieses seelenzerfetzende mit ihr!
Die Depression, schon so alt und immer
wieder aufs Neue so tückisch!

Läuft im Leben etwas schief
Und es gerät vielleicht ins Wanken
Durchbrechen die Dämonen der
Grausamkeit alle Türen, alle Schranken!

Die Depression, sie füllt sich wie Wasser –
In einem leeren Raum!
Sie zieht wie der Schatten in Dunkelheit,
zu sehen nur schwer, eigentlich kaum!

All die Sonnengesichter
Und die strahlenden „Smileys"
Keiner weiß um dich, weil keiner derer,
in dich jemals hineinsieht!

Verschiedene Wege
Autobiografie/Depression, 25-07-2021

Wir haben uns für –
Verschiedene Wege entschieden
Ich weiß noch „Driver 2"
Wir drifteten um die Kurven herum!

Nichts ist –
Von all dem nun geblieben
Außer diese kindliche,
diese jugendliche Erinnerung!

Es ist schon traurig,
was das Leben aus uns macht!
Doch möchte ich hier nicht,
dir oder mir, uns beiden es verdenken!

Schade nur,
dies ist es doch allemal
Damals noch gemeinsamer Weg,
doch weiß ich auch, Dinge werden enden!

Und heute weiß nicht mal was du tust
Was du machst, wie dein Leben ist

Freundschaft –
Ist es Schicksal, das uns wieder mal
zusammenbringt, so wie es einmal –
Schon hat es gemacht!?

Bedeckt
Autobiografie/Depression, 25-07-2021

Nichts erreicht!
Nur die Zeit verstreicht!
Außer meinen Träumen –
Gibt's da nix Konkretes!

Schmerzerfüllt
Schon lange, lange Zeit
Gefüllt mit Trauer –
So lebe ich!

Anerkennung und auch
Wertschätzung –
Sie blieben mir verwehrt –
In meiner Kindheit!

Fragil, unsicher
Wie gelähmt –
So verbrachte ich
Meine Kinderzeit!

„Fußballreporter,
dies kannst du nicht werden"!
„Mit schwarz-gelben BVB-Bildern –
Damit kannst du kein Geld verdienen"!

Alles lange her
Lange Schatten der Vergangenheit –
Zeitreise, doch es ist immer
In meinen Ohren geblieben!

Trauer – ich spüre sie wie kein anderer –
In meiner Seele tief!
Nur von außen bedeckt, begraben!
Doch sie ist da, seit Kindertagen!

Diese Welt, die Menschen –
Die Gesellschaft, sie machen mich –
So müde!
Ich hätte gerne eine eigene Welt,
in der ich lebe und bleiben könnte!

Achterbahn
Autobiografie/Depression, 25-07-2021

Freizeitparks!
So erinnere ich mich, waren eine Qual!
Höhenangst und Misstrauen!
Ich ging in keine Achterbahn!

Auch Schlittschuhlaufen –
Es war eine Hölle!
Schlittschuhe zwar an, doch trat ich –
Neben dem Eis auf der Stelle!

Mimose, Außenseiter
Knallkopf! Blitzableiter!
Immer zu ruhig, immer zu schüchtern!
Doch meine Reflexion, die Erinnerungen –
Sie sind präzise, dazu nüchtern!

Fühlte ich schon als kleines Kind –
So viel Schmerz!
Schwarz wurde mein aufleuchtendes
Kinderherz!

Musste ich lernen,
mit flammenden Flügeln zu fliegen!
Die Welt und den Teufel –
Und innere Ängste zu besiegen!

So jung, so klein und so schwach!
Nur mit Frieden im Sinn!
Heute weiß ich verdammt nochmal,
dass ich ein Kämpfer doch bin!